Croeso i'r cartref
Meinir Ebbsworth

Lluniau gan Rob Lewis

ⓑ Awdurdod Cymwysterau, Cwricwlwm ac Asesu Cymru, 2006 ©

Mae hawlfraint ar y deunyddiau hyn ac ni ellir eu hatgynhyrchu na'u cyhoeddi heb ganiatâd perchennog yr hawlfraint.

Cyhoeddwyd gan **Y Ganolfan Astudiaethau Addysg**, Aberystwyth (www.caa.aber.ac.uk) gyda chymorth ariannol Awdurdod Cymwysterau, Cwricwlwm ac Asesu Cymru.

ISBN: 1-84521-041-7

Diolch i Sali Davies, Jean Drew, Catrin Griffiths a Delma Thomas am eu harweiniad gwerthfawr.

Golygwyd gan Delyth Ifan

Dyluniwyd gan Argraff

Argraffwyd gan wasg Gomer

Cyfres Ffrindiau bach a mawr

Croeso i'r cartref
Cartref newydd
Cartref y cawr

Cai a'r octopws
Gwyliwr y glannau
Cai Cranc

Twrch a'r cawr
Y twrch daear
Sbectol Twrch

Llawlyfr athrawon (dwyieithog) ISBN: 1-84521-060-3

CD Sain ISBN: 1-84521-050-6

Tŷ mawr.

Tŷ mawr y cawr.

Drws coch y tŷ mawr.

Croeso.
Dere mewn i'r tŷ mawr.

Dere mewn i'r gegin.

Wyt ti eisiau cacen?
Ydw, plîs.

Dyma gacen i ti.
Cacen siocled.
Mae'r gacen ar y bwrdd.

Wyt ti eisiau diod?
Ydw, plîs.

Dyma ddiod i ti.

Diod oren.

Mae'r ddiod ar y bwrdd.

Mae'n amser te.